GLAUB AN DIE MAGIE IN DIR.

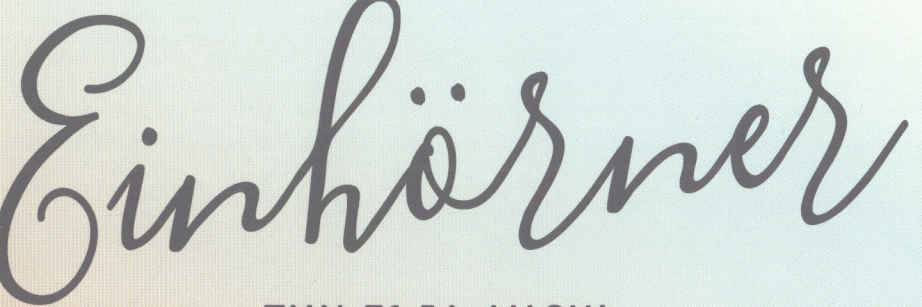

Einhörner

TUN ES JA AUCH!

Be your own unicorn!

REALITÄT

IST WAS FÜR MENSCHEN,

DIE ANGST VOR

EINHÖRNERN HABEN.

EINHÖRNER SIND WIE

Sterne,

DU KANNST SIE NICHT IMMER SEHEN,

ABER SIE SIND IMMER DA!

WAKE UP
AND
DREAM!

SORRY!

DEIN PASSWORT MUSS ZWÖLF ZAHLEN, EIN ZEICHEN, EINE TIEFGRÜNDIGE BOTSCHAFT, EINEN ZAUBERSPRUCH, EINE HIEROGLYPHE UND EIN EINHORN-EMOJI ENTHALTEN ;–)

THINK
OUTSIDE THE
HORIZON

HATTE GERADE SO
VERRÜCKTE GEDANKEN WIE:
HEUTE IST DAS IDEALE
WETTER FÜR **SPORT.**
HAB MIR ERST MAL EIN
EINHORN BESTELLT!
STEH JA VÖLLIG NEBEN MIR.

LOGIK

BRINGT DICH

VON A NACH B.

PHANTASIE

ÜBERALL HIN.

FRESST
MEINEN
STERNENSTAUB

IHR *Langweiler!*

sei wild,
frech und
wunderbar!

AM TAG:

SCHWARZES SHIRT
SCHWARZE HOSE
SCHWARZE PUMPS
SCHWARZER MANTEL

AM ABEND:

EINHORNPYJAMA
REGENBOGENKUSCHELKISSEN
BUNTE RINGELSOCKEN
GLITZERPANTOFFELN

EIN LEBEN OHNE *Einhorn* IST MÖGLICH, ABER LANGWEILIG!

Glücksnachfüll-
>STATION<

BITTE HIER BERÜHREN!

(MIT SOFORTWIRKUNG!)

GLITTER IS MY FAVORITE COLOR

Alle verrückt hier!

KOMM EINHORN, WIR GEHEN!

MEIN EINHORN
UND ICH
SITZEN GERNE AM RANDE
DES WAHNSINNS UND LASSEN

die Füße baumeln.

DU BIST
SO VERRÜCKT!
... ÄNDERE DAS
NIEMALS!

ICH STEH MIT BEIDEN BEINEN FEST IM *Glitzer*

Reite auf einem Einhorn

DURCH DIE GALAXIE.
GREIF NACH DEN STERNEN.
SUCHE DEN WEG INS WUNDERLAND.
FOLGE IMMER DEINEM HERZEN.
STREU GLITZER AUF DIE ERDE.
UND GLAUBE AN DEINE Träume!

WENN DU EINE PECHSTRÄHNE HAST, FÄRBE SIE

Regenbogen- FARBEN!

DAS LEBEN IST EINE

WUNDERTÜTE

UM TRÄUME WAHR WERDEN ZU LASSEN,
MUSS MAN

verrückt SEIN.

GEHT NICHT ANDERS.

Ein|horn *{Unicornis}*, das:

jemand, der weiß,
dass er magisch ist,
und keine Angst davor hat,
es der Welt zu zeigen.

ALWAYS
**LOOK ON
THE RAINBOW**
SIDE OF LIFE

DAS, WAS DICH SO

ANDERS MACHT,

IST, WAS DICH

>BESONDERS<

MACHT.

ES
GLITZERT,
ES IST
ÜBERFLÜSSIG–
ICH WILL ES

PLATZ DA!

ICH SUCHE DEN

WEG INS

Wunderland.

Mir doch egal,
wie alt ich bin.
Ich will ein

Einhorn.

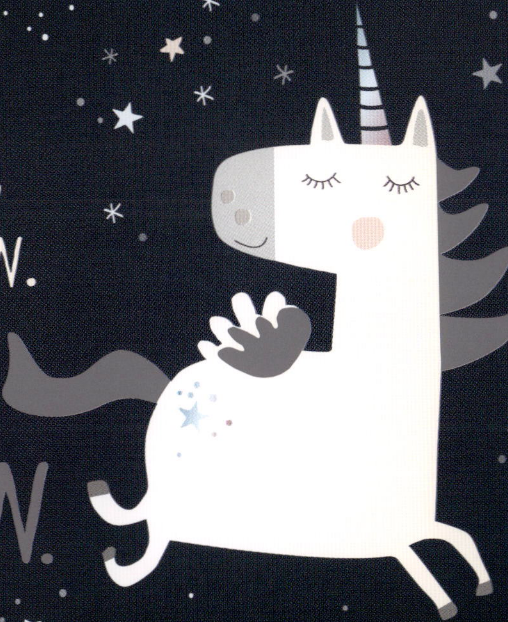

ICH BIN

TEILZEIT- *Engel,*

GELEGENHEITS-HEXE,

HALBTAGS-TEUFEL

UND VOLLZEIT-VERRÜCKTE!

Ich **HABE KEINE**

MACKEN,

DAS SIND SPECIAL EFFECTS.

ES GIBT TAGE,
AN DENEN MAN LUST HAT,
SEIN SMARTPHONE ANZUZÜNDEN
UND SCHREIEND AUF SEINEM EINHORN
RICHTUNG WALHALLA ZU HOPPELN.

I AM NOT WEIRD

>> I AM A <<

LIMITED EDITION

DU WEISST GANZ GENAU,
DASS ES NUR ZWEI
MÖGLICHKEITEN GIBT,
DIESEM **WAHNSINN**
HIER ZU ENTKOMMEN.

ERTRAGE IHN ODER WERDE
EIN **EINHORN!**

DU MUSST DIR SCHON SELBST

sternenstaub

IN DEIN LEBEN PUSTEN!

CREATE
YOUR ♥ OWN
★ MAGIC ★

BEZIEHUNGSSTATUS:

- ☐ SINGLE
- ☐ VERGEBEN
- ☐ KOMPLIZIERT
- ☑ ICH MAG EINHÖRNER

ICH SPÜRE DAS *Tier*
IN MIR.
ES IST EIN
Einhorn.

I DON'T WANT REALISM.

I WANT MAGIC.

YES, MAGIC!

Auf dem Boden

DER
TATSACHEN

LIEGT EINDEUTIG
ZU WENIG

GLITZER.

Werde niemals erwachsen. Das ist eine Falle!

NIEDER MIT DER
SCHWER-
KRAFT
ES LEBE DER
Leichtsinn

be a unicorn in a field of horses!

Phantasie

IST GUT GEGEN

REALITÄT.

BIN GERADE ETWAS NEBEN *der Spur.* IST SCHÖN DA!

Glitzer über mein Haupt.

BILDNACHWEIS:
TITEL UND SEITE 31: YVONNE WAGNER

ISBN 978-3-86229-530-2
INVERKEHRBRINGER: GW-TRADING GMBH
STADTRING NORDHORN 113 · 33334 GÜTERSLOH · DEUTSCHLAND
© GRAFIK WERKSTATT "DAS ORIGINAL" · WWW.GRAFIK-WERKSTATT.DE